지금껏 살아왔던 건 누군가의 온기 덕분이었음을

김보나

작가는 삶의 결을 세밀하게 들여다보며, 그 안에 담긴 희망과 존엄을 시로 풀어내고 있다. 그녀는 지나온 시간 속에서 마주한 상처와 치유의 순간들을 글로 기록하며, 삶의 의미를 탐색해 왔다.

이번 시집에는 자연과 사람, 그리고 관계 속에서 자신을 비추어 본 깊은 성찰이 담겨 있다. 단순한 회고가 아닌, 삶을 향한 끊임없는 질문과 응답의 과정에서 빚어진 언어들이다. 어려움 속에서도 희망을 놓지 않았던 마음, 세상과 따뜻하게 연결되고 싶은 간절한 바람이 한 편 한 편의 시에 스며 있다.

그녀의 시는 조용히 스며들어 독자의 내면을 두드린다. 삶의 무게를 견디고 있는 이들에게 작은 위로가 되고, 다시 나아갈 용기를 불어넣기를 바라며, 그녀는 오늘도 자신만의 언어로 세상과 대화하고 있다.

https://www.instagram.com/areadablebook

지금껏 살아왔던 건 누군가의 온기 덕분이었음을

김보나 지음

차례

1장
계절의 온기

가을 들녘 _____ 12
가을바람에 실려 _____ 14
가을 하늘 _____ 16
가을이 오는 소리 _____ 18
강둑에 앉아 염소를 먹이며 _____ 20
고스락에 서서 _____ 22
구월의 마지막 날 _____ 24
밀양댐 위에서 _____ 26
보길도의 숨결 _____ 28
부산의 북항대교 _____ 30
사계 _____ 32
산에 올랐다 _____ 36
아름다운 가로수 길 _____ 39

웨이브온 카페 창 너머로 _____ 41
일리아스의 바람 _____ 43
초록 _____ 45
통영 밤바다 _____ 47
15브릭스 포도 _____ 50

2장
순간의 온기

감자전 _____ 54
거주시설 이용자 인권 교육 준비하며 _____ 56
겨자씨 하나 _____ 58

고장 난 노트북 _____ 60

고추찜 무침 _____ 62

그날의 미소 _____ 64

나팔꽃 _____ 66

둘째를 낳고 _____ 68

떠나보낸 어른을 위한 기도 _____ 70

매일 미사 10년의 은총 _____ 72

밀양의 아랑 _____ 75

빈 화면, 채워진 마음 _____ 77

새벽 미사 _____ 79

새벽, 병원으로 가는 길 _____ 81

소시민으로 산다 _____ 83

얼죽아_____ 85

자유시장 꽃시장에 가면_____ 87

첫째를 낳고 _____ 90

친정엄마의 된장_____ 92

흰머리 염색 _____ 94

3장
내 안의 온기

강의 준비 _____ 98

고통의 선물 _____ 100

권리의 가면 _____ 102

기도는 은총의 다리 _____ 104

기후변화 _____ 106

깊어져 가는 밤 _____ 108

꿈속에서 만난 두 권의 책 _____ 110

나는 나다 _____ 114

내가 하는 욥의 기도 _____ 116

《논어》를 읽고 _____ 119

니콜로 파가니니의 바이올린 연주를 듣고 _____ 122

다낭성 _____ 124

다낭성 신장으로 인한 만성신부전 _____ 127

덕과 인간의 길 _____ 129

데미안을 읽고 _____ 131

말은 보이지 않는 힘 _____ 134

묵상 _____ 136

붉은 꿈의 길을 걷다 _____ 140

사회복지학을 전공하며 _____ 142

삶의 기도 _____ 144

성전에서 _____ 146

성체의 은혜 _____ 150

아동 청소년물 디지털 감시단을 하며 _____ 154

아리스토텔레스를 만나고 _____ 157

안타까운 상황을 담은 글 _____ 160

인권의 빛 _____ 162

자존감이 높은 사람 _____ 164

존엄과 권리 _____ 166

침묵 속의 외침 _____ 168

침묵의 끝에서 _____ 170

4장

누군가의 온기

가족의 정원 _____ 174

괜찮아 _____ 177

나에게 김광석 노래는 _____ 179

내가 만난 예수님 _____ 182
다양성 _____ 185
돌아가시기 전 남긴 할머니의 하소연 _____ 188
똘이의 떠남 _____ 191
로사의 뇌전증 _____ 193
마이클 잭슨의 노래_____ 195
맘마미아 _____ 198
비틀즈의 노래_____ 201
새로운 시작 _____ 204
수산나 형님 _____ 206
아드리나를 위한 발라드를 들으며_____ 209
아름다운 언어는 _____ 211
앤 머레이의 노래처럼_____ 213
오페라의 유령 _____ 215
첫 조카의 죽음, 그리고 나 _____ 218
파란 불빛 아래에서_____ 221
함께 걷는 길 _____ 224
화장장의 연기 _____ 226
G선상의 아리아 _____ 228

1장

계절의 온기

바다와 하늘
그리고 내가
모두 하나가 되어
잠시나마 모든 걸 잊고
순간 속에 녹아든다

가을 들녘

벼가 익어가는 가을 들녘
금빛 물결 속에 펼쳐진 풍경,
햇살 아래 반짝이는 그 황금빛은
자연의 숨결처럼 따스하다

풍성한 결실을 품은 들판은
바람에 따라 부드럽게 흔들리고,
벼 이삭 하나하나가
소중한 이야기를 담아낸다

햇살의 정수를 담은 그 빛깔
가을의 정취를 가득 채우고,
온전한 자연의 아름다움을
조용히 노래하는 이 순간.

작은 새들은 그 속에서
조용히 날아가고,
땅은 따뜻하게 숨 쉬며
평화로운 농원의 멜로디를 연주한다

가을 들녘의 금빛 물결 속에서
우리의 마음도 그처럼 가득 채우고,
시간이 흘러도 이 아름다움이
변치 않기를 기원하며 바라본다

가을바람에 실려

단풍잎 하나가
살며시 땅에 내려앉는다

붉고 노란빛으로
가득 물든 그 잎은
시간의 흔적을 품고서
조용히 춤을 추듯이 떨어진다

그 속엔 여름의 햇살
비 내린 날의 속삭임
수많은 바람의 손길이
깃들어 있네

한때는 푸른 나무에 매달려
하늘을 향해 흔들리던 그 잎이

이제는 바람에 몸을 맡기며
마지막 여정을 떠난다

떨어진다 해서 끝이 아니니
그 자리엔 다시 생명이 피어나고
시간이 흘러
새로운 봄을 맞이하리라

단풍잎은 말없이
인생의 순환을 속삭이며
우리에게 아름다운 마무리도
또 다른 시작임을 일러준다

가을 하늘

그 깊고 푸른 원경
끝없이 펼쳐진 유리 같은 블루
햇살은 부드럽게 스며들고
구름은 천천히 흘러간다

하늘의 가장 높은 곳에서
바람은 조용히 속삭이며
나뭇잎은 붉고 노란 색깔로
가을의 이야기를 풀어낸다

하늘과 땅의 경계가 흐려져
부드러운 색감 속에 잠기는 이 순간,
시간은 천천히 흐르고
모든 것이 평화롭게 어우러진다

저 멀리 날아가는 새들은
가을의 멜로디를 따라
높고 푸른 하늘 속에
자유롭게 춤을 추고 있다

가을 하늘은 그 자체로
마음속 깊은 곳까지 스며들어
차분한 기운과 함께
일상에서 평화를 준다

하늘을 바라보며 숨을 깊이 들이켜고,
이 아름다움이 언제까지나
가슴 속에 남아
늘 곁에서 함께 하기를

가을이 오는 소리

살랑이는 바람 끝에
가을이 살며시 속삭인다
나뭇잎 사이로 스며드는
서늘한 숨결
노랗게 물들어 가는 풍경 속에
시간이 천천히 흘러간다

먼 곳에서 들려오는
낙엽의 발소리
하늘 높이 떠오르는
기러기의 울음이
가을의 소리를 알린다

바람에 흩날리는 잎사귀는
어느새 이별을 준비하고

발끝에 차이는 그 소리
가을은 그렇게 다가온다

조용히, 그러나 분명하게
마음속 깊은 곳까지 스며들며
가을이 온다

강둑에 앉아 염소를 먹이며

푸르른 들판을 바라보던 그날
작은 입으로 풀을 뜯는 염소들의
느릿한 움직임에 맞춰
시간도 천천히 흘러갔다

강물은 조용히 흘러
햇살을 담은 물결이 반짝였고
염소의 고요한 눈망울 속에
하늘이 잠시 머물렀다

내 손끝에 닿는 부드러운 털
바람결에 실려 오는 흙냄새와
풀의 신선함이 어우러져
마음까지 맑아지던 순간

염소들은 천천히 풀을 뜯으며
자신만의 속도로 세상을 살고
나는 그 옆에서
잠시나마 그 느림에 동화되어
평화로운 강둑의 오후를 맞았다

시간은 그렇게 흘러도
강둑 위 우리의 발자국은
마치 어제처럼 선명하다

고스락에 서서

세상 가장 높은 곳
바람이 땅과 하늘을 가르며
흔적 없는 길을 만든다

발밑엔 수많은 오르막과 내리막이
하얗게 흐릿해지고
멀리 선 강과 바다가
한 줄로 맞닿아 흐른다

여기서 보면
삶의 무게도 그리 무겁지 않구나
높은 곳에서 내려다보니
모든 것이 작은 점 하나로
이어져 있을 뿐

고스락에 서면

내가 이룬 것과 이뤄야 할 것들이

한순간 한자리에 머물고

나는 그 속에서 잠시

무한한 자유를 느낀다

구월의 마지막 날

구월의 끝자락에 서서
바람을 마주한다
서늘한 공기가 내 마음을 스치며
가만히 속삭인다
이제 떠날 시간이라고

나뭇잎은 빛을 머금고
하나둘 떨어져 내린다
그 잎새마다 담긴
짧았던 순간들의 기억들이
살며시 내 발끝에 쌓인다

햇살은
마치 오래된 추억처럼 희미해지고
그 속에서

지난 시간을 되돌아본다
언제나 그리운 것은
눈앞에서 사라지기 전의 순간들이니까

이날이
마음 깊은 곳에
잔잔한 물결을 일으킨다
사라지는 그림자 속에서
다시 한번 깨닫는다
아름다운 것들은
언제나 조용히
그러나 깊이
곁을 떠난다는 것을

밀양댐 위에서

잔잔한 물결 위로
햇살이 수놓은 은빛 물결
산과 산 사이, 고요히 숨 쉬는
시간의 흐름이 멈춘 듯한 이곳

바람은 살며시 지나가며
마음을 어루만지고
물결 위에
잠시 머무는 구름처럼 가볍다

저 멀리 산등성이에 부딪히는
바람 소리, 나무들의 속삭임
그리고 물 위로 흘러가는
오래된 기억들

이곳에서
삶의 무게를 덜어내고
자연과 하나 되어
잠시나마 자유로운 영혼이 된다

밀양댐 위
그 너머에는 또 다른 세상이 있지만
지금, 이 순간
이 풍경 속에서 평화롭다

보길도의 숨결

바람이 파도의 이름을 불러주는 곳
햇살이 물결 위에 황금빛 꿈을 얹는다
바다와 섬이 서로 속삭이는 보길도
그곳에서 마음도 조용히 물든다

한 걸음 내디딜 때마다
발밑에 스며드는 바람의 이야기
시간이 멈춘 듯한 고요함 속에서
자연은 언제나 변함없는 친구가 되어준다

소나무 숲은 푸르름으로
세월의 무게를 잊게 하고
아득히 펼쳐진 하늘은
작은 생각마저 휘감는다

보길도

이름만으로도 마음이 평온해지는 곳

이곳에서 찾은 것은

잊혔던 꿈과

바람 속에 감춰진 진실

바다는 울고

바람은 웃고

그리고 나는 그 모든 것을 품은 채

조용히, 그리움 속에 잠긴다

부산의 북항대교

푸른 바다 위로 길게 뻗어
하늘과 바다를 잇는
거대한 다리

바람은 세차게 불고
파도는 그 아래서 속삭이나
대교는 묵묵히 서서
수많은 발걸음을 맞이한다

밤이면 불빛이 일렁이며
은은한 별빛을 닮아
도시의 심장과 바다를
하나로 이어준다

그 위를 지나는 이들은
새로운 희망을 안고
광활한 바다를 넘나들며
저 멀리 수평선 너머로
꿈을 띄운다

북항대교는 단순한 다리가 아니다
부산의 숨결을 담은
이 도시의 맥박처럼
끝없이 흐르는
삶과 여정을 연결해 주는
힘찬 다리다

사계

봄,
푸르른 꿈이 깨어나는 순간
부드러운 햇살이 나를 감싸고
꽃들은 속삭이듯 피어난다
새싹이 터져 나오는 소리
바람 속에서 춤추는 꽃잎
봄은 매일매일 새로운 희망을 선물한다

여름,
태양이 지붕 위로 내리쬐고
뜨거운 바람이 해변을 스쳐 간다
푸른 바다와 황금 모래
이곳에서 나는 진정한 자유를 느낀다
햇살에 반짝이는 물결
그 속에서 나는 젊음을 만끽하며

삶의 무한한 가능성을 꿈꾼다

가을,
온 세상이 황금빛으로 물들고
단풍잎이 바람에 흩날린다
과일이 무르익고
하늘은 깊고 고요하게 물들어 간다
가을은 풍성한 수확과
한 해의 끝자락에서
잠시 멈추어 사색하는 시간을 선사한다

겨울,
차가운 공기 속에서
하얀 눈이 세상을 덮는다
조용히 내리는 눈송이

그 속에서 나의 마음도
새하얗게 정화되는 듯하다
차가운 바람 속에서 나는
온기와 평화를 찾아가며
겨울의 고요 속에서 새롭게 태어난다

사계절의 순환 속에서
자연에 감동하고
계절의 아름다움과 교훈을 통해
삶도 계속해서 새로워진다

봄의 새로움

여름의 열정

가을의 풍요

겨울의 고요 속에서

자연과 하나가 되며

삶의 깊이를 더해 간다

산에 올랐다

산에 올랐다,
그 길은 험하고도 고요했다
힘겨운 발걸음 속에서
나무와 바위가 서로를 감싸며
조용히 나를 맞아준다

높이 오를수록
공기는 더 맑아지고
숨이 가쁘지만
마음은 가벼워진다
눈앞에 펼쳐진 풍경은
세상의 무게를 잊게 하고
끝없는 푸름 속에서
자연의 숨결을 느낀다

산길을 따라
한 걸음 한 걸음 나아가며
내 안의 소음과
불안이 사라지고
맑고 고요한 마음만이
남는다
높이 올라갈수록
세상의 소리와는 멀어지고
자연과 하나가 되는 듯하다

정상에 서서
가만히 눈을 감고
풍경을 바라본다

그곳에서 찾은 평화와

자유는

내 마음속 깊은 곳까지

스며들어

다시 일상으로 돌아갈 때도

산의 고요함을 간직하며

힘을 얻는다

아름다운 가로수 길

푸른 나무들이 줄지어 선
그 길을 걷노라면
마음속 고요함이 차오른다

햇살은 나뭇잎 사이로
부드럽게 쏟아지고
바람은 나뭇가지에 머물며
속삭임을 전해준다

가로수의 그림자는
길 위에 살며시 드리워
마치 꿈속을 걷는 듯한
평온함을 선사한다

그 길엔 계절의 색이 흐르고

봄이면 연둣빛 새싹이
가을엔 붉고 노란 단풍이
수놓은 듯 아름답게 펼쳐진다

길을 따라 걷는 이들은
바쁜 일상에서도
잠시 멈춰서서
자연의 숨결을 느끼며
마음을 쉬어가라 한다

아름다운 가로수 길
그 길은 단지 길이 아니라
삶의 여정 속에
평화와 위로를 주는
작은 쉼터와도 같다

웨이브온 카페 창 너머로

바다가 말을 건다
잔잔히 부서지는 파도
그 속에 담긴 수많은 이야기가
커피 향에 실려 온다.

탁자 위에 놓인 커피 한 잔
거품 위에 그려진 작은 파도는
바다와 닮았고
그 속에 잠긴 내 마음도
천천히 일렁인다

웨이브온의 창은
세상의 경계와 같아서
바깥에선 파도가 밀려오고
안에선 마음이 흘러간다

이곳에서
바다와 하늘
그리고 내가
모두 하나가 되어
잠시나마 모든 걸 잊고
순간 속에 녹아든다

일리아스의 바람

광활한 초원을 달리던 일리아스
그의 삶은 바람처럼 자유로웠네
그러나 인생의 풍파 속에
모든 것은 흩날려버리고
빈손으로 남은 그 자리

한때 부유했으나
이제는 텅 빈 마음과 마주한 일리아스
모든 것을 잃었지만
사실 그가 잃은 것은 무엇이었을까
물질의 무게는 그를 짓누르고
진정한 자유는 먼지처럼 날아갔네

그러나 끝자락에서
소박한 삶 속에서 피어난 작은 기쁨

그는 깨닫는다

진정한 행복은 소유에 있지 않고

비우는 데에서 시작된다는 것을

그의 바람은 다시 불어오고

그 바람 속에서 그는 자유롭다

부유함 속의 외로움보다

가난 속의 평온이 더 값진 것임을 알게 된 순간

그, 진정으로

행복해진다

초록

눈을 뜨면 마주하는

싱그러운 빛

그 안에 담긴 생명의 숨결이

나를 감싸안아

새싹이 돋아나고

바람이 스쳐 갈 때마다

초록의 물결은

끝없이 퍼져가고

희망의 색

새로운 시작을 알리는

자연의 목소리처럼

마음을 두드린다.

그 속에선 걱정도

슬픔도 잊히고

순수한 기쁨만이

살며시 자리해

쉼의 색

지친 마음을 어루만지는

부드러운 위로처럼

나를 편안하게 해

언제나 그 자리에 있는

변함없는 초록빛처럼

나도 누군가의

작은 위로가 되길

통영 밤바다

통영 밤바다
어두운 하늘 아래
잔잔한 파도가
별빛을 품은 채
부드럽게 일렁인다

서늘한 바람이
가슴속 깊이 스며들고
흙빛 물결 위로
빛나는 달의 자태가
조용히 물들어간다

해안가의 불빛이
멀리서 반짝이며
어두운 바다에
조용한 반영을 남기고
그 속에서 나는
자연의 숨결을 느낀다

조용한 밤바다의
부드러운 파도가
함께 하는 이 순간
마음은 가라앉고
삶의 소란스러움이
조용히 사라진다

그곳에서
별과 달의 이야기가
물결 속에 스며들며
그 평화로운 풍경 속에서
자연의 소중함을 되새기며
새로운 여유를 찾는다

이곳에서의 한순간이
조용히 내 마음을 채우고
밤바다의 고요함 속에서
삶의 의미와 평화를
다시금 새롭게 한다

15브릭스 포도

햇살 가득 머금은 포도알
그 안에 담긴 달콤한 이야기
그 단맛은
여름의 끝자락에서 익어가는
자연의 선물

작은 알맹이 속에
달콤함이 응축되어
한 입 베어 물 때마다
입안 가득 퍼지는
황홀한 순간

가을의 첫인사처럼
자연이 주는 선물처럼
다가와

짧지만 강렬한 기억을 남긴다

그 단맛이
입안에 남아 있을 때
잠시 눈을 감고
그 여운을 오래도록 느끼고

이 과일 한 알에
계절의 깊이와
시간의 정성이 담겨
이 달콤함을 음미한다

2장

순간의 온기

작고 따뜻한 손,
숨결마저 고요한 그 아이가
나를 새로운 세상으로 이끌었지.

감자전

땅의 향기를 품은 감자
매끈한 껍질을 벗기면
하얀 속살이 드러난다

강판에 갈린 감자들
손끝에서 부드럽게 풀어지고
물에 담기며
점점 무르익는다

소금 한 꼬집
그 작은 마법이 더해지면
맛의 균형은 완성된다

기름 두른 팬 위에서
감자 반죽은 지글지글

황금빛으로 변해간다

바삭한 겉면
부드러운 속살
한 입 베어 물면
입안 가득 퍼지는 고소함

정겨운 맛
소박하지만
따뜻한 위로를 주고

서로 둘러앉아
하나씩 나눠 먹으며
함께하는 순간이
더없이 맛있다

거주시설 이용자 인권 교육 준비하며

시설의 벽 속에서도
각자의 목소리는 소중히 여겨져야 한다
인권의 불빛이 어둠 속에서도
밝게 빛나도록 준비하는 시간

교육의 첫걸음
존중과 이해의 다리 놓기
각자의 이야기를 듣고 이해받는 것이
이 교육의 핵심이 되어야 한다

이용자 한 사람 한 사람의 권리와 존엄
그들의 삶이 고유한 가치로 인정받기를
그 어떤 편견이나 차별도 넘어서
진정한 평등과 사랑을 나누기를

강의의 끝에서
모든 이가 자신을 소중히 여기며
자유롭고 존중받는 세상으로 나아가기를
다 함께 이 길을 걸어가기를 바란다

겨자씨 하나

작은 겨자씨 하나
손끝에 얹히는 그 순간
우주를 품은 듯한
작은 가능성을 담고 있다

보잘것없는 크기 속에
생명의 씨앗이 잠들어 있고
그 속엔 무한한 힘이
깊이 숨어

흙 속에서 움트기 시작하면
작은 생명이 지닌 꿈이
조금씩 자라나고
더 큰 세상으로 나아간다

겨자씨 하나
그 작고 소중한 존재가
어디서든
언제든
거대한 변화를 불러와

자연의 법칙처럼
작은 것이 큰 것을 만들고
미세한 변화가
세상을 바꾸는 힘이 되고

겨자씨 하나
그 작은 존재가
자신의 길을 걸어가듯
우리도 조용히 자신만의
변화를 만들어 가야 한다

고장 난 노트북

화면 속에 멈춰버린 시간이
얼어붙은 듯 더 이상 흐르지 않는다
커서도 깜빡이지 않고
내가 누른 키들은
어디론가 사라져 버렸다

삶도 가끔은
이렇게 멈춰버린다
내가 기대고 있던 계획들이
한순간에 멎고
시간은 흘러가는 것 같지만
그 안에서 한 발짝도 나아가지 못한다

고장 난 노트북 앞에 앉아
속수무책으로 쳐다보는 내 모습이

어쩌면 삶 앞에서
무기력해지는 모습일지도 모른다

그러나 때로는
잠시 멈춤이 필요한 순간도 있다
멈춘 화면 속에서
새로운 길을 찾아내듯이
고장 난 마음을 수리하며
다시 시작할 힘을 얻는 것

노트북이 다시 켜질 때
삶도 다시 움직일 것이다
아직 쓰지 못한 문장들이
그 안에서 기다리고 있으니까

고추찜 무침

고추의 매운맛과
양념의 깊은 풍미가
하나로 어우러진 별미

찜통에서
부드럽게 익어가며
그 속에 양념이 스며들어
매콤한 향이 퍼진다

설탕과 간장
쫄깃한 마늘이 만나
강렬하면서도 고소한 맛이
한입에 녹아들고

식탁 위에서

빨갛게 물든 그릇 속에

하나하나 고추가 담겨

뜨거운 정성과 사랑을 전해준다

한 입 먹으면

매운맛이 입안 가득히 퍼지고

그 뒤에 남는

묵직한 감동이

마음에 깊이 새겨진다

그날의 미소

흰 드레스에 감싸인 너
어린 시절 손을 잡고 걷던 그 아이가
이제는 새로운 길을 향해 나아간다

작은 발걸음으로 내게 다가와
환한 미소로 나를 부르던 너
오늘은 그 미소 속에
한 여인의 아름다움이 피어난다

세월이 지나며
너의 손을 놓아줄 준비를 했지만
막상 그 순간이 오니
가슴 속엔 말로 다할 수 없는
뭉클한 감정이 차오른다

기쁨과 슬픔이 뒤섞인 이 마음
너의 행복을 바라지만
어딘가 아련한 공허함이
이 자리를 감싸안는다

너는 이제 새로운 가족을 이루고
새로운 이름으로 불릴 것이다
그러나 마음속 너는 언제나
작은 소녀로 남아 있을 테지

행복하길, 내 사랑하는 딸아
네가 걸어갈 길 위에
항상 빛이 가득하기를
그 길 위에서 웃으며
사랑을 가꾸길 바란다

나팔꽃

아침 햇살에 첫 소리 내며
하늘을 향해 피어나는 나팔꽃
그대는 고요한 노래로
새벽을 깨우네

짧은 시간 머물다 가지만
그 순간만큼은 찬란하고
하늘과 땅을 잇는
푸른 선율이 흐르네

바람에 실린 향기조차
그리움이 되어
잎새에 맺힌 이슬처럼
잠시 머물다 스미는 그대

나팔꽃이여
그대의 작은 울림은
하루를 시작하게 하고
잠든 마음을 다시 일으키는
희망의 소리라

둘째를 낳고

두 번째 작은 생명이
품에 안길 때
새로운 시작이
또 한 번 마음을 흔든다
하얀 포대기 속에서
작은 손이 내 손을 움켜잡고
또 다른 기적이 세상에 태어났다

첫째의 웃음소리와 함께
둘째의 부드러운 숨결이
집안의 공기를 채우고
두 배로 커진 사랑이
매일매일을 더욱 풍성하게 한다

두 쌍의 작은 발자국이
하루를 채우고
작은 목소리가 불러오는
새로운 꿈과 기쁨이
삶에 스며들어

사랑은 더욱 깊어지고
서로를 위한 작은 손길이
더욱 소중하게 느껴진다
이제 집안엔
두 개의 별이 반짝이며
함께 자라는 아름다움이 있다

떠나보낸 어른을 위한 기도

당신의 긴 여정이
이제 고요한 안식으로 이어지길
남겨진 자리에서
조용히 두 손을 모읍니다

한평생 살아오신
그 무거운 발걸음
이제는 가벼운 바람처럼
편안히 쉬게 하소서

삶의 무게와 세월의 흔적
모두 내려놓고,
그리운 이들과 함께
평화 속에서 머물게 하소서

마음속에 남은
당신의 따뜻한 미소와
소중한 가르침들이
시간을 넘어서 빛나게 하소서

떠나간 자리에 남은 슬픔도
감사와 사랑으로 채워져
당신을 기억하며
더욱 깊어지리라

하늘의 품에서
당신의 영혼이 평안하기를
이 작은 기도를 통해
당신께 다다르길 빕니다

매일 미사 10년의 은총

십 년의 시간이 흐르며
주님의 은총이
삶에 스며든다
하얀 제단 위에서
하루하루의 기도가
신성한 힘을 불어넣는다

매일 아침
성체성사의 신비 속에서
마음의 안식을 찾고
영혼의 깊은 곳에서
하느님의 사랑을 느낀다
매일의 미사가
평화의 기운을 전하며
내 삶의 중심을 잡아준다

십 년 동안의 성스러운 여정
그 길 위에서
고난과 기쁨을 함께하며
하느님의 은혜가
날마다 더해지는 것을 경험한다
각각의 미사가
축복을 새롭게 하고
마음을 정화한다

매일의 미사 속에서
정성을 다하며
믿음의 길을 걸어온 시간
그 모든 순간이
깊은 교감을 이루며
삶의 참된 의미를 발견하게 한다

십 년의 미사
그 긴 여정 속에서
매일매일의 기도가
소중한 은총으로 가득 채워지고
그 은혜가
삶을 밝히며
영원한 평화를 선사한다

밀양의 아랑

그 고요한 밤
별빛 아래서
이야기는 조용히 흘러간다

천천히 걸어온 길
달빛에 비친 그 시절의 아랑은
맑은 눈동자와 강한 의지를
세상에 남기고 떠났다

그 이야기
밀양의 한밤중을 배경으로
불행과 사랑
그리고 복수의 갈림길에서
운명과 싸우던 발자취가 남아 있다

별빛 아래에서 그려진

전설의 조각들 속에서

아랑은 여전히

자유롭고 고결한 모습으로

우리 곁에 살아 숨 쉬고 있다

오랜 세월을 넘어

밀양의 밤하늘에서

아직도 속삭이며

진실과 정의의 신화를 전하고 있다

빈 화면, 채워진 마음

슬라이드 없는 빈 화면 앞에서
우리의 말은 더 빛난다
이미지는 없지만
생각은 깊게 퍼져 나가고
소리는 더 선명하게 메아리친다

눈은 비록 정지되어도
마음은 끝없이 움직인다
글씨가 없지만
메시지는 더욱 선명해진다

화려한 색깔
화려한 이미지 없이도
함께 배우고
함께 나누며
서로의 이야기를 채워간다

기술이 멈춘 자리에
우리는 더 진실하게 만난다
보이지 않는 슬라이드 위에
함께 무언가를 그린다

새벽 미사

어둠이 채 가시지 않은 이른 아침
고요한 성당 안
촛불이 흔들리고
숨죽인 기도 속에
새벽의 숨결이 머물러

성가의 은은한 멜로디
어제의 무거운 짐을 내려놓고
어린 양의 은총을 기다리는
맑고 고요한 마음들

낮은 목소리로 울리는
신부님의 축복 속에
잊힌 사랑을 찾고
새로운 희망을 품는다

성스러운 순간
어둠은 사라지고
빛이 새벽을 감싸듯
영혼을 비추네

새벽의 미사
하루의 첫 숨결이 되고
신성한 빛이 되어
길을 밝혀준다

새벽, 병원으로 가는 길

어둠 속에서 살짝 스며드는
차가운 새벽 공기
숨이 하얗게 퍼져 나간다
잠들지 못한 도시의 불빛들 사이로
발걸음은 무겁고도 조용히 이어진다

고요한 거리
그 속에서 마음도 덩달아
침묵을 배우는 듯
조용히 떨리는 마음을
새벽바람에 맡긴다

병원의 창문에 깜빡이는 불빛
멀리서 나를 부르고
익숙한 복도와 차가운 의자
그곳에서 기다리는 시간들

하지만 오늘도
이 길 위에서 희망을 움켜쥔다
새벽처럼 잠시 어둡더라도
빛은 곧 온다는 것을
늘 그렇듯

소시민으로 산다

소리 없이 흐르는 강물처럼
소시민으로 살기로 한다
화려한 불빛이 비치지 않아도
작은 등불 하나면 충분한 밤
그 속에서 조용히 산다

욕심을 덜어내고
필요한 것들만 곁에 두며
평범한 하루 속의 감사함을 찾는다
높이 날지 않아도
작은 발걸음으로도 충분한 삶이기에
소시민으로 살기로 한다

번잡한 세상의 소음 속에서도
내 안의 고요함을 지키며

작은 기쁨에 미소 짓고
작은 슬픔에도 눈물을 흘린다
소시민의 삶은 그렇게
크지 않지만 진실하다

오늘도 한 걸음씩
바람에 흔들리는 풀잎처럼 유연하게
하지만 뿌리는 깊게 내리며
소시민으로 살아간다
작은 것 속에 숨은 행복을 찾으며

얼죽아

겨울바람에 더욱 빛나는
차가운 눈물처럼
서늘하게 감도는 그리움

찬 바람 속에서도
뜨거운 마음을 품고
차가운 아이스아메리카노를
한입에 담아내며
심장을 감추네

얼음처럼 차가운
입술 위에 스며드는
시원함은
다시 한번 고백하듯
차가운 바람에 속삭인다

겨울의 차가운 공기 속에서

변함없는 열정을 안고

자신만의 스타일로

세상과 맞서며

아직도 그 자리에 서 있다

자유시장 꽃시장에 가면

자유시장의 꽃시장
그곳에 발을 디디면
향긋한 꽃내음이
바람을 타고 가득 스며든다
각종 꽃이 화려하게 피어
발길을 붙잡는다

장미의 붉은 열정
백합의 고요한 우아함
해바라기의 태양처럼 밝은 미소
그 모든 것이
이곳에서 한데 어우러진다

꽃바구니와 화분이
가게를 가득 메우고
다양한 색깔이 눈앞에 펼쳐지며
마음속의 혼란을 잠재운다
꽃들은 말없이
자연의 아름다움을 전하며
조용히 소통한다

상점 주인의 친절한 손길이
꽃들을 다듬고
그 정성이 담긴 꽃들이
사람들의 얼굴에
작은 행복을 선사한다

여기에서의 순간은

바쁜 일상에서

잠시의 평화와 여유를 안겨준다

자유시장의 꽃시장에서

자연의 소중함을 다시 느끼고

색과 향기가 어우러진

이 특별한 공간에서

마음의 기운을 새롭게 채운다

첫째를 낳고

작은 생명이 내 품에 안기던 날,
세상이 갑자기 달라 보였네.
작고 따뜻한 손,
숨결마저 고요한 그 아이가
나를 새로운 세상으로 이끌었지.

눈을 맞추는 순간,
더 이상 예전의 내가 아니었어.
그 작은 존재 앞에서
약해지기도 하고,
누구보다 강해졌지.

첫울음이 방 안을 가득 채우던 순간,
가슴도 함께 떨렸네.
기쁨과 두려움,

설렘과 책임감이
나를 휘감으며
새로운 길을 걷게 했지.

첫째를 낳고,
나의 하루는 그 아이의 미소와
울음소리에 맞춰 흘러가고
사랑은 끝없이 깊어졌네
그 작은 생명이 자라날 때마다
함께 성장하리라.

처음 맞이한 그 소중한 생명,
그 순간이 나의 모든 것을
다시 쓰게 했네.

친정엄마의 된장

그 깊고 진한 맛이
하루의 끝자락에 떠오른다

손수 담근
된장 항아리 속에서
숙성된 시간의 풍미와
따뜻한 정성이 스며든다

매일의 밥상에
묵묵히 자리 잡던
그 속의 깊은 맛은
가족의 사랑과 기억을 담아
마음에 오래 남아 있다

기억 속 어머니의 부엌에서
된장 냄새가 퍼질 때면
시간과 거리를 초월해
따뜻한 온기가 전해온다

이제는 멀리 떨어져 있지만
어머니의 된장 한 숟가락이
그리움과 함께
가슴속 깊이 스며드는 순간

흰머리 염색

거울 앞에 앉아
사라져가는 흰빛을 본다
흰머리는 마치
눈 속에 잠든 시간이 피어나듯
조용히 자리 잡는다

손끝에 묻은 염색약이
한 가닥씩 시간을 덮는다
흰 눈처럼 쌓인 추억과
세월의 무게를
검은 물결 속에 감춘다

알지만
아무리 덧칠해도
시간은 도망가지 않는다는 걸
스무 몇 날마다 찾아와
머리 위에 다시 내려앉을 것을

그러나 잠시나마
어제의 나를 붙잡아
거울 속 나를 새롭게 그린다

3장

내 안의 온기

그 어두운 품 안에서
새로운 꿈이 자라나고
다음 날을 준비하는
조용한 기대감이 흐른다.

강의 준비

빈 종이를 앞에 두고
생각의 물결이 머릿속을 가로지른다
한 마디
한 문장
어떻게 전할까
그 무게를

지식이 아닌
마음을 전하고 싶다
단어 속에 담긴 삶의 이야기들
사람들이 듣고 느끼길 바라며
내 목소리가 길이 되기를 꿈꾼다

한숨도 섞이고

미소도 번지는 순간

강의는 시작 전부터 이미 살아있다

종이 위에 써 내려가는 것은

단순한 글이 아닌

진심을 담은 나의 마음

준비는 끝이 없어도

오늘도 나의 길을 걸어간다

고통의 선물

신은 나에게
고통을 선물한다
무거운 짐처럼 느껴지지만
그 속엔 희망이 숨어 있다

바람이 거세게 불 때
흔들리는 나무처럼
우리는 고통 속에서 흔들리지만
뿌리는 더 깊이 박힌다

고통은 시험이다
우리의 심장을 두드리고
마음을 단련하는
불길 같은 시련의 순간들

그 끝에서
신은 깨달음을 준다
넘어지고 일어서는 법
흘러내린 땀 속에 담긴 꿈을

고통을 견딘 자만이
진정한 승리를 맞이하리라
신이 준 선물 속에서
우리는 더욱 강해진다

권리의 가면

권리는 빛이다
누구나 누릴 수 있는 바람이다
하지만 그대
그 빛을 칼날처럼 휘두르려는가

목소리를 높여 외치며
진실을 벗어난 요구를
자신의 권리라 포장하네

그대의 권리는 타인의 권리와
같은 하늘 아래 있어야 하거늘
왜 높은 탑 위에서만 보려 하는가

정의의 이름으로 부르짖지만
그대의 욕망은 이미 칠흑 같은 밤
타인의 눈물을 빛이라 착각하지 말아라

권리는 방패이되
누군가의 목을 죄는 밧줄이 되어서는 안 된다
그대여, 다시 생각하라
진정한 권리는 함께 누리는 빛임을

기도는 은총의 다리

하늘과 땅을 잇는
보이지 않는 길

말없이 손을 모아
마음을 올리면,
가장 깊은 곳에서
흐르는 속삭임이
하늘에 닿는다

눈물 속에서도
소망을 심어 주고
절망 속에서도
빛을 비추어 주는
그 은총의 힘

고요한 밤
누군가의 기도가
별처럼 빛나고
지친 영혼은
그 빛에 이끌려
평안의 품에 안긴다

기도는 바람처럼
그 모습을 드러내지 않지만
그 힘은 세상을 감싸며
언제나 우리 곁에 머문다

믿음의 눈으로 보면
기도는 절망을 희망으로
슬픔을 기쁨으로 바꾸는
은총의 선물

기후변화

한때 푸르던 하늘이
이젠 회색빛을 띠네
맑던 바람이 메말라
목구멍을 타고 들어온다

나무들은 조용히 사라지고
땅은 숨을 잃어가는데
여전히 두 발을 딛고
흙냄새를 기억하려 애쓴다

하루는 변함없지만
지구의 숨결은 점점 짧아진다
땀방울 속에 녹아드는
아픈 미래의 경고

언젠가 이 땅에서
새싹이 다시 돋을까
아니면 기억만이 남아
지금을 그리워할까

얼마나 더 외면할 수 있을까
변화의 신호를
우리의 발자국을

깊어져 가는 밤

어두운 하늘이 더욱 짙어질수록
별빛은 더욱 선명해지고
밤의 속삭임이
조용히 세상을 감싸안는다

길가의 불빛들이 사라지고
달빛만이 부드럽게
하늘을 비추며
밤의 심연을 드러내고

시간은 멈춘 듯이 느껴지고
어둠 속에서
고요함이 한층 더 깊어진다

고요한 침묵 속에서
마음은 가라앉고
혼자만의 사색에 잠기며
자신과의 대화에 몰두하고

이 밤의 깊이 속에서
하루의 소란함이 사라지고
내면의 평화가
서서히 찾아온다

그 어두운 품 안에서
새로운 꿈이 자라나고
다음 날을 준비하는
조용한 기대감이 흐른다.

꿈속에서 만난 두 권의 책

어둠 속에서 헤매던 꿈결에
두 권의 책을 만났다
하나는 빛으로 가득한
또 하나는 그림자로 둘러싸인 책이었다

빛의 책은 나를 향해 열렸고
그 속엔 평화와 지혜가 넘쳤다
눈부신 페이지마다
삶의 길이 적혀 있었고
그 길을 걸으면 두려움이 사라질 것 같았다

그림자의 책도 나를 부르며
그 무거운 표지 뒤에 숨겨진
비밀들을 속삭였다
그 속엔 고통과 갈등

그리고 알 수 없는 깊이가 있었다

나는 그 두려움 속에서도

진실을 찾고자 했다

두 권의 책 앞에서

선택해야 했다

하나는 나를 보호하고

다른 하나는 나를 시험하며

내 영혼을 깨우려 했다

빛의 책은 말없이 나를 감싸주었고

그 따스함에 안식을 느꼈다

그러나 그림자의 책은

내면을 파고들며

두렵던 진실을 마주하게 했다

꿈속에서 두 권의 책을 들고
고민하고 방황했다
어느 책이 진정 나의 길을
비춰줄 것인가
어디에 답이 있는가

깨어난 뒤에도 그 물음은
마음속에 남았다
빛과 그림자
두 권의 책은
내 삶의 양면이었음을 깨달으며
이 모든 것을 품기로 했다

그 책들은 결국 하나의 진리를 말하고 있었다

빛 속에서 진리를 찾고

그림자 속에서 자신을 마주하라는 것

두 권의 책이 내게 주신

그 깊은 가르침을 마음에 새기며

이제 깨어난 꿈을 살아간다

나는 나다

흐르는 강물처럼
자연스레 이어지는 나
바람이 스쳐도 흔들리지 않고
거친 파도에도 꿋꿋이 서 있는 나무처럼
나는 나다

세상이 때로 나를 흔들어도
나의 뿌리는 깊고
마음은 강하다
다른 누구도 아닌
오직 나
바람이 속삭이던
비가 내리던
나는 나다

빛나는 태양 아래에서도

어두운 밤하늘 아래에서도

나는 나로 살아가리라

변하지 않는 나

흔들리지 않는 나

나는 나다

내가 하는 욥의 기도

주님, 오늘도 당신 앞에 무릎 꿇습니다
내 삶에 드리운 어둠 속에서
당신의 빛을 찾고 있습니다
모든 것이 무너진 이 자리에서
당신의 손길을 기다리며
마음을 열어 보입니다

왜 제게 이토록 무거운 짐을 주셨나요
제가 알지 못하는 죄가 있다면
그 죗값을 치르려 하옵니다
그러나 이 고통의 의미를
이해할 수 없어 눈물만 흐릅니다

주님, 저를 잊지 않으셨기를 바랍니다
당신의 뜻을 알 수 없지만
그 뜻 안에 제 길이 있음을 믿습니다
그러니 이 고난 속에서도
당신을 놓지 않게 해 주십시오

내가 왜 이 길을 걷는지
답을 구할 수 없을 때도
당신의 침묵이 나를 떠나지 않게
부디, 저를 인도해 주십시오

주님, 고통의 바다를 건너
당신의 평화를 다시 만날 수 있다면
이 모든 슬픔도
당신께 드리는 기도가 될 것입니다

저를 일으켜 주십시오
당신의 사랑으로
당신의 은혜로
저는 다시 일어설 것입니다
이 고난의 끝에서
당신의 얼굴을 뵐 수 있게 하소서

《논어》를 읽고

종이의 낡은 주름 속에
천 년의 지혜가 담겨 있다
책장을 넘길 때마다
마치 먼 길을 떠나
새로운 세계에 발 디딘 듯한
설렘이 가득하다

공자의 가르침이
조용히 속삭이며
마음의 깊은 곳까지
스며들어
옛 선인의 목소리가
지혜의 빛을 발한다

단순한 문장 속에

깊은 철학이 숨어 있고
그의 사상 속에서
인간의 본성과 삶의 도리를
새롭게 배운다

너무나도 오래된
이 문자들 속에
현재와 과거가
하나로 엮여 있으며
그의 말이 오늘날
삶을 비추는 거울이 된다

서늘한 바람이
책장을 넘길 때마다
새로운 깨달음이
마음속에 자리를 잡고
그 길을 따라
조용히 내 발걸음을 옮긴다

가슴 속에 깊은 울림을 남기며
세상의 복잡함 속에서
단순하고 진정한 가치를 찾는
여정의 시작을 알린다

이제
공자의 지혜를 따라
이 길을 걷고
그의 가르침 속에서
새로운 인생의 길을
한 걸음씩 나아간다

니콜로 파가니니의 바이올린 연주를 듣고

현 위를 미끄러지는 손끝
그 한 번의 울림에
시간은 멈추고
공기는 떨리기 시작한다

파가니니의 현
그 위에 춤추는 영혼은
마치 불꽃처럼 타올라
어디론가 나를 데려간다

가슴 깊은 곳에 숨겨진 감정들
숨죽였던 고독과 환희가
음표 사이사이로 스며들어
마음을 쥐고 흔든다

너무도 빠르게
때로는 고요하게
바이올린은 그의 손에서
울고 웃으며 노래한다

이 순간, 나는 그 선율 속에서
잊혔던 시간을 마주하고
파가니니의 영혼이 남긴
고독한 아름다움을 느낀다

다낭성

신체 깊숙이 숨어 있는
장기의 비밀
유전성 다낭성의 고통이
조용히 나를 짓누른다

각기 다른 크기의 혹들이
조용히 커져가며
몸속에서
무언의 고통을 안겨주고
매일매일 그 무게를 감당한다

통증이 깊어질 때마다
내 몸은
변화의 징후를 숨기고
내려놓은 마음속에서

끝없는 싸움을 계속한다

의사의 차가운 진단서와
희미한 진통제의 효과
그 사이에서
조금씩 허물어지는 삶의 일상
고통의 그림자가
하루하루를 덮어간다

하지만 이 고통 속에서도
나는 여전히
희망의 조각을 찾고
몸과 마음이
함께 싸워가며
작은 희망을 이어간다

고통이 가득한 길 위에서
서서히 삶의 의미를 되찾고
매일매일의 인내 속에서
새로운 힘을 발견하며
다시 일어설 힘을 다진다

고통 속에서도
나는 여전히
자신의 길을 걸어가며
희망의 빛을 잃지 않고
조용히 삶을 지탱해 나간다

다낭성 신장으로 인한 만성신부전

세상의 무게가 점점 더 느껴지며
내 안의 작은 신장, 그 고요한 유리병 속에서
고통의 그림자가 자라나는 것을 느낀다
다낭성 신장
그 이름만으로도 무겁고 심각한 현실이 다가온다

내 몸속 작은 세포들
하나하나가 쌓여 커다란 장애물을 만들어내고
그 속에서 평온했던 삶의 흐름이
조용히, 그러나 확실하게 멈추어 간다

만성신부전의 진단을 받고
마음도 차츰 지쳐가고
매일의 평화로움은 서서히 멀어지고
삶의 균형을 맞추기 위한 싸움이 시작된다

그러나 이 힘겨운 여정 속에서도
희망의 불씨를 놓지 않으려 한다
병을 앓고 있는 내 몸속에서
작은 기적의 순간들을 찾아내며 살아가고 싶다

사랑하는 이들의 손길이
의사들의 지혜와 배려가
내게 힘을 주며
이 길을 함께 걸어가게 하리라 믿는다

고통의 끝자락에서
희망의 빛을 잡으려는 나의 손은
끊임없이 뻗어 나가며
새로운 하루를 맞이할 힘을 찾으리라

덕과 인간의 길

삶의 길 위에 선 인간이여
니코마코스의 빛을 따라 걷네
덕의 길은 쉽지 않으나
그 길 위에 진정한 행복이 있도다

중용의 길, 과하지 않음의 지혜
극단을 피하는 마음의 평온
인간다움의 최고 덕을 찾으며
아리스토텔레스의 목소리 울린다

행동은 습관을 만들고
습관은 다시 인격이 되리라
정의와 절제의 씨앗을 심어
풍요로운 영혼을 키워 가라

인간의 목적, 최고의 선은
바로 그 자체로 완전한 삶
이성의 빛으로 나아가리니
지혜와 덕으로 충만한 영원한 기쁨

삶의 여정
윤리의 길에서
자신의 본성을 잊지 말라
니코마코스의 가르침을 따라
참된 선을 향해 나아간다

데미안을 읽고

어둠과 빛이 교차하는 세계에서
나를 찾으려 헤맸다
데미안
그 이름이 내 안에 울려 퍼지며
새로운 문이 열렸다
낯선 길로

순수와 죄악이 얽힌 영혼
그는 말했다
모든 것은 하나라고
자신 안의 악마와도 손을 잡아야
진정한 나로 살아갈 수 있다고

새의 알을 깨고 나온 나는
더 이상 어제의 내가 아니었다

고통과 혼란 속에서 피어난 나의 자아
그것은 날개를 펼쳤다
어둠을 가로질러

삶의 어둠 속에서도 빛은 존재하고
빛 속에서도 그림자는 머문다
데미안, 너의 목소리는
내면의 거울
나를 직면하게 하고
나를 자유롭게 한다

모든 경계가 무너진 그곳에서

나를 만났다

나를 초월한 나를

데미안

너는 나였고

나는 너였다

그렇게 우리는 하나가 되었다

영원히

말은 보이지 않는 힘

말은 보이지 않는 힘
가벼이 흩날리지만
그 무게는 산보다 무겁다

한마디 말이
깊은 어둠 속에 빛을 비추고
또 다른 한 마디가
햇살 가득한 날에
구름을 몰고 온다

부드러운 말은
무너진 벽을 세우고
따뜻한 말은
얼어붙은 마음을 녹인다

그러나 거친 말은
칼처럼 베어내어
지울 수 없는 상처를 남기고
차가운 말은
꽃봉오리를 시들게 한다

말은 씨앗
어떤 씨를 뿌리느냐에 따라
마음의 정원에는
아름다운 꽃이 필 수도
가시덤불이 자랄 수도 있다

말의 힘을 아는 이는
세상에 평화를 심고
그 무게를 잊은 이는
자신에게 고독을 거두리

묵상

고요한 시간 속에 앉아
마음을 들여다봅니다
세상의 소음이 멀어지고
내 안의 목소리가 들릴 때
비로소 나를 마주합니다

묵상은 침묵의 기도
말없이도 주님께 다가가는 길
영혼의 깊은 곳에서
흐르는 은은한 속삭임
그것은 주님의 사랑입니다

하루의 분주함 속에서
잠시 멈추어
숨을 고르고
마음을 정돈합니다
어지러운 생각들이
차츰 가라앉고
그곳에 평안이 찾아옵니다

주님, 이 고요한 순간에
당신의 뜻을 묻습니다
어떤 길을 가야 할지
내 안에 답이 없는 순간에도
당신의 빛이 내 길을 비추길

묵상의 깊은 어둠 속에서
새로운 빛을 찾습니다
주님의 사랑과 자비가
나를 감싸안고
그 안에서 쉼을 얻습니다

삶의 무게가 버거울 때도
이 침묵의 시간을 통해
다시 힘을 얻습니다
주님의 손길을 느끼며
묵상의 고요 속에서
영혼은 새롭게 태어납니다

주님, 당신과 함께하는 이 시간이
하루를 인도하는 빛이 되길
묵상 속에서 얻은 평화와 지혜로
다시 일어나, 세상 속으로
당신의 뜻을 품고 나아가겠습니다.

붉은 꿈의 길을 걷다

어둠 속
깊은 내면의 소리
붉은 책은 말하네
길 잃은 영혼의 고백을

꿈의 강을 따라 걷는 나
그 끝엔 무엇이 있을까
두려움 속에서 피어나는
빛과 어둠의 춤사위

내 그림자가 말을 걸어오고
낯선 이들이 내 안에 자리하네
나는 길을 잃지 않으리
혼돈 속에서도
진리의 빛은 빛나리라

자아는 찢기고
다시 모여
완전함을 찾으려
그 무수한 환영을 넘네
고통 속에 숨은 지혜를 찾아
나는 나를 만나리라

붉은 책의 길을 걸으며
나는 묻는다
그대여
진정한 나는 누구인가
대답은 바람 속에 스며들고
내 영혼은 다시 길을 떠나네

사회복지학을 전공하며

인간의 복잡한 삶의 이야기 속에
해답을 찾기 위해
끊임없이 학습하고 연구한다
사회의 다양한 문제와
그에 대한 해결책을 고민하며
변화의 작은 불씨를 일으키려 한다

이론과 실제를 넘나들며
사회적 약자와 소외된 이들을 위해
적절한 정책과 지원 방안을 모색하고
그들의 목소리를 대변하는 역할을 수행한다
수많은 사례와 연구 속에서
실질적인 도움이 될 수 있는 방법을 찾는다

전공 과정에서
인간의 다양한 필요와
사회적 맥락을 이해하고
그에 맞는 복지 서비스를 설계하며
현장에서의 실천을 통해
변화를 이루기 위해 노력한다

사회복지학은 단순한 학문을 넘어서
사람들의 삶을 개선하고
사회적 정의를 실현하는 길을 제시하며
그 길을 따라가는 나의 여정 속에서
세상의 더 나은 변화를 꿈꾼다

삶의 기도

매일매일의 순간 속에서
진심으로 바라는 것들을 담아
마음 깊은 곳에서 우러나온다
그 기도는 단순한 요청이 아니라
삶의 의미를 찾고
평화를 구하는 마음의 표현이다

하루를 시작하며
감사와 겸손의 마음으로
지금, 이 순간에 주어진 것들에
기쁘게 응답하고
지혜와 용기를 구하는 기도가 된다
순간순간의 선택과 결정 속에서
올바른 길을 안내해 주는
내면의 목소리를 듣는다

어려움과 시련의 시기에

힘과 인내를 기도하며

그 속에서 배우고 성장하는

기회를 허락해달라 간구한다

희망의 불씨를 잃지 않고

어둠 속에서도 빛을 찾으며

하루하루를 지나간다

삶의 기도는

상대방의 행복과 평화를 기원하며

서로의 삶에 긍정적인 영향이 닿기를 바라는

사랑의 마음을 담고

매일의 일상에서

마음의 여유와 고요함을 찾는

소중한 기도가 된다

성전에서

고요한 성전 안에 들어서니
세상의 소음이 사라지고
성스러운 침묵이 감쌉니다
빛이 스며든 창문을 통해
주님의 은총이 내려오고
그 빛 속에서 평안을 찾습니다

무겁게 내려앉은 마음을
이곳에 내려놓습니다.
성전의 기둥들은
굳건한 믿음의 상징처럼
온 마음을 둘러싸고
영혼을 일으켜 세웁니다

이곳에서
주님의 숨결을 느낍니다
기도의 향기가 가득한 공기 속에
그분의 사랑이 흐르고
그 사랑 속에서
마음은 고요히 잠깁니다

성전의 제단 앞에서
머리를 숙입니다
주님의 자비를 구하며
죄를 고백하고
그분의 용서를 간구합니다
이곳에서 정화되고
새로워진 마음으로
다시 세상을 향해 나아갑니다

성전에서 들려오는 찬송의 노래는

마음 깊은 곳을 울리며

주님의 영광을 찬양합니다

그 선율 속에서

주님의 현존을 느끼며

영혼이 하늘로 향합니다

주님, 이 성전에서

당신과 깊은 만남을

늘 소망합니다

당신의 성전은 영혼의 안식처

이곳에서

참된 쉼과 평화를 누립니다

성전의 문을 나설 때에도
그 은혜가 함께하리니
모든 걸음걸이가
당신의 사랑을 증거하게 하소서
성전에서 받은 은총을
삶의 여정 속에서 꽃을 피우며
당신의 길을 따라 머물겠습니다

성체의 은혜

고요한 제단 앞에 무릎 꿇고
당신을 맞이합니다
주님
떨리는 손으로 성체를 받아들이며
그 속에 담긴 사랑의 깊이를 느낍니다

이 작은 빵 한 조각에
어찌 그토록 큰 은혜가 담길 수 있나요
당신의 몸과 피로
나를 살리고자 하신 그 희생을
마음 깊이 새깁니다

성체를 모실 때마다
영혼은 당신과 하나가 됩니다

주님의 사랑이 내 안에 흘러들어와
나를 새롭게 하며
죄와 허물을 씻어 주십니다

당신의 은혜로
다시 일어설 힘을 얻고
삶의 여정 속에서 길을 찾습니다
당신의 사랑이 나의 빛이 되어
어둠 속에서도 길을 잃지 않도록

성체의 은혜 속에서
참된 평안을 찾습니다
당신의 사랑은 끝이 없고
그 사랑이 나를 이끄는 길을
믿고 따르겠습니다

주님의 은혜를 입은 이 순간
마음은 감사로 가득합니다
당신의 몸을 내게 내어주신 그 사랑을
늘 기억하며
삶 속에서 당신을 증거하겠습니다.

성체의 신비 속에서
당신과 함께하는 이 시간이
영혼의 양식이 되고
삶의 기둥이 되어
언제나 당신께로 나아간다는
굳건한 믿음을 주시길

주님,

성체의 은혜에 감사드리며

당신의 사랑으로 채워진 나를

세상 속에서 당신의 도구로 써 주소서

그 은혜를 찬양하며

당신을 따르겠습니다

아동 청소년물 디지털 감시단을 하며

디지털 세계의 흐름 속에서
어린이와 청소년을 위한
안전한 공간을 지키는 일을 한다

스크린 너머의 정보와
콘텐츠의 파도를 넘으며
수많은 클릭과 스크롤 속에서
위험과 유해를 찾아내고
소중한 그들의 세계를 지키기 위해
정밀하게 감시한다

각종 메시지와 포럼
영상과 이미지 속에서
숨어 있는 위험 요소를
발견하며

그들이 안전하게
디지털 공간을 탐색할 수 있도록
신경을 곤두세운다

자주 교차하는 웹의 경계에서
온라인의 복잡한 레이아웃 속에서
아동과 청소년의 권리를 보호하며
건강한 인터넷 환경을 만들기 위한
끊임없는 노력을 기울인다

정확한 분석과 신속한 대응이
필요한 이 작업 속에서
디지털 세계의 지킴이로서
그들의 안전을 지키며
건강한 사이버 공간을 위해

밤낮으로 감시의 임무를 완수해 나간다

이 책임감 있는 역할 속에서
그들의 온라인 생활을 보호하며
디지털 시대의 새로운 도전을
맞이하고
미래 세대의 안전을 위해
지속해서 힘을 다한다

아리스토텔레스를 만나고

오래된 책 속의 그가
내 앞에 서 있었다
시간의 모퉁이에서
지혜의 눈으로 세상을 바라보며
진리를 속삭이던 그의 목소리
고요하고 깊었다

그는 말하지 않았다
그저 나를 보았다
그 시선 속에서 나는 나를 보았다
생각의 미로 속에서 헤매던 나에게
그는 길을 열어주었다
말없이

존재와 본질의 경계에서
그와 나는 머물렀다
잠시
시간이 멈춘 듯
공간이 사라진 듯
우리는 그곳에 있었다
오직 진리만이 숨 쉬는 곳에

내가 던진 질문들은
그의 침묵 속에서 답이 되었다
그가 던진 질문들은
내 안에서 반짝였다
새로운 빛을 품고

그렇게 우리는 헤어졌다
마치 꿈처럼
아침의 이슬처럼
그러나 그의 흔적은 남아
내 마음의 어딘가에
깊은 곳에

언제나 내 앞에 서 있을 그
내가 만난 아리스토텔레스는
이제 나의 일부가 되었다
그가 떠난 뒤에도
그는 여전히 함께 있다

안타까운 상황을 담은 글

진실은 여전히 빛나리라

기계는 멈추고
말은 닿지 않았지만
마음은 모든 이를 향했다

그 한순간
오해는 커졌고
불완전한 증거 속에
누군가는 비난을 택했다

한 명을 위한 외침이 아니었건만
모두를 위한 울림이었거늘
그들은 듣지 않았다
보지 않았다

그러나 진실은 저 아래 숨어
묵묵히 빛을 기다리리라
침묵 속에서도 말하리라

오늘의 불완전함 속에
내일의 공명은 오리라
공정함은 눈앞에
그 누구도 배제됨 없이
모두를 위한 진실이 되어
피어나리라

여전히
우리는
진실을 말한다

인권의 빛

어둠 속에서 깨어나는 희망
그 작은 불꽃이 인권의 시작
모든 목소리가 존중받고
사람들은 자유롭게 꿈을 꾼다

차별의 장벽을 넘어
손을 맞잡은 우리는
함께 나아가는 길을 찾고
빛을 서로 나누며

고통 속에 숨죽인 그 순간에도
희망은 결코 꺼지지 않네
차가운 세상에 온기를 더하며
우린 인권의 빛을 밝힌다

소외된 이들을 위한 손길

그 안에 감춰진 진정한 힘

모두의 권리를 지키는 것이

이 세상을 더 아름답게 만든다

인권의 빛이 세상을 감싸고

모든 생명이 존중받는 날

함께 나아가리라

희망의 길을 따라

손에 손을 잡고

자존감이 높은 사람

자존감이 높은 사람은
높은 곳에 서 있지 않는다
그는 땅 위에 두 발을 딛고
자신의 그림자를 껴안는다

거울 앞에 설 때마다
그 눈은 따뜻하다
자신을 꾸짖기보다는
있는 그대로 받아들이는 마음

남의 칭찬에 흔들리지 않고
비난에도 무너지지 않는다
바람이 불어도 굳건히 서서
자신의 길을 묵묵히 걸어간다

스스로를 사랑하는 법을 알기에
남에게도 사랑을 나눌 줄 안다
나약한 자를 손잡아 일으키고
함께 걸을 줄 아는 넓은 가슴

그는 완벽하지 않음을 안다
그것이야말로 진정한 힘임을 알기에
흠이 있어도 빛날 수 있음을
기꺼이 받아들인다

자존감이 높은 사람은
자신이 걸어온 길을 믿는다
그리고 내일을 향해
또 한 걸음을 내디딘다
두려움 없이

존엄과 권리

존엄은 고요한 바람처럼
우리의 마음속에서 일어나는 것.
눈에 보이지 않지만,
모든 이에게 고귀하게 주어진 생명의 빛.

권리는 손을 내밀 때 닿는 것,
누군가의 손을 따스하게 맞잡고
함께 서 있을 때 피어나는 것.
한 사람도 빠짐없이 주어지는
불가침의 약속.

존엄은 우리가 누구인지를 말해주고,
권리는 우리가 어떻게 살아갈지를 보여준다.

둘은 결코 떼어놓을 수 없는 실과 바늘,
함께 꿰매어진 옷자락 위에서
우리는 하나의 몸이 되어 걷는다.

우리의 삶은 존엄이 깃드는 순간마다
더욱 빛나고,
권리는 그 존엄을 지키는 날개가 되어
우리를 더 넓은 세상으로 데려다준다.

그러니 잊지 말자,
존엄이 살아 숨 쉬는 곳에
언제나 권리가 함께하리라는 것을.
그것이 우리가 이 세상에서
서로를 존중하고 살아가는 길이기에.

침묵 속의 외침

부산의 바람은 차갑다,
권리의 이름 아래
희미해진 소리가 그곳에 있다
도움이라던 손길
그 무게는 왜 이리도 무거운가

장애를 보호하겠다고
권리를 지키겠다고 외치지만
그 외침 뒤에 감추어진 건
억압의 벽이었네

약속은 그저 허공의 메아리
누구를 위한 정의였는가

그 손길 아래
울음은 묻히고
억울함은 흩날리네

우리를 지키는 그들이
우리를 묶고 있는 것은 아닌지
보호라는 이름의 족쇄가
점점 조여온다.

부산의 바람이 다시 불 때
진실은 가려지지 않으리라
우린 그 바람 속에서
우리의 목소리를 되찾으리라

침묵의 끝에서

기계음이 귓가에 스치며

삶과 죽음 사이를 헤매던 시간

그의 숨결은 점점 옅어지고

투석실의 공기는 무겁게 가라앉았다

침묵이 깊어질수록

희미해진 눈빛은

이 세상과 작별을 고했다

내 옆에 누워 있던 그 사람

어디론가 떠나가는 길목에서

아무 말도 건네지 못했다

삶을 이어주는 붉은 선도

그 순간엔 무용지물이 되어

더는 시간을 붙잡지 못했다

침묵 속에서
남은 자들의 심장은
낯선 공포와
어느덧 익숙해진 고통 사이를 맴돌며
하나의 진실을 마주한다

삶은 언제나 찰나의 것
언제 끝날지 모를 이야기 속에서
오늘도
그 끝을 두려워하며
또다시 기계에 의지한 채
지나가는 시간에 몸을 맡긴다

4장

누군가의 온기

서로 다른 세상에서
하나의 집으로 향하는 길 위에서
손을 맞잡고
같은 꿈을 꾸며 걷는다

가족의 정원

가족이 된다는 것은
서로의 마음속에
새로운 뿌리를 내리는 것
삶의 밑바닥에서
조용히 자라나는 정원의 씨앗

그대와 나는
서로 다른 세상에서
하나의 집으로 향하는 길 위에서
손을 맞잡고
같은 꿈을 꾸며 걷는다

매일의 일상에서
작은 갈등과
따뜻한 포옹이 뒤섞이며
서로의 색깔을 이해하고
조화롭게 어우러진다

기쁨과 슬픔을 나누는 것
서로의 아픔을 보듬는 것
가족이 되는 그 모든 순간이
하나의 이야기를 만들어
우리의 가슴속에 새겨진다

함께 웃고 울며
하루하루를 쌓아가는 과정에서
우리는 서로의 삶을
더 깊이 이해하게 되고
진정한 의미의 가족이 된다

가족이란
단순히 한 공간을 공유하는 것이 아닌
서로의 마음에
따뜻한 집을 지어가는 것

괜찮아

괜찮아
흐린 날이 이어져도
햇살은 언제나 그 끝에 기다리고 있어
비가 내리면 잠시 우산을 펴고
바람이 불면 옷깃을 여미면 돼
너의 발걸음이 무거워질 때
그저 잠깐 멈춰도 돼

괜찮아
모든 일이 네 뜻대로 되지 않아
지금의 너는 매우 아름다워
너의 눈 속에 담긴 작은 별들이
아직도 반짝이는걸, 잊지 말아줘

스스로에게 말해줘

오늘도 괜찮아

조금 느려도, 조금 다르게 가도

너는 여전히 너니까

나에게 김광석 노래는

그의 노래는
흔들리는 바람 속
담담히 내리는 비처럼
가슴 깊숙이 스며든다

그의 목소리 속에는
수많은 감정이 담겨 있다
슬픔과 기쁨
고독과 희망이
섬세하게 얽혀 있다

간결한 멜로디와
진솔한 가사는
마치 오래된 친구처럼
언제나 곁에 있다

"서른 즈음에"의 가사에는
시간이 흐르며 느끼는
삶의 무게와 아름다움이 담겨 있고
"일어나"는 일상의 고단함 속에서
희망의 불씨를 지핀다

그의 노래는
추억 속에서 언제나
편안한 위로가 된다
그의 목소리 속에서
나는 나 자신을 찾고
오늘을 살아갈 힘을 얻는다

그의 노래는 단순한 음악이 아니다

마음속 깊이 자리 잡아

이루어지는 작은 시들

내 삶의 배경이 되는

언제나 함께하는 멜로디다

내가 만난 예수님

세상 속에서 방황하던 어느 날
그분이 내 앞에 오셨다
소리 없이 다가온 그 발걸음
마음 깊이 울리던 그 눈빛

슬픔과 고통 속에서
그분을 만났다
그분의 손은 상처투성이였지만
그 손이 내 어깨를 감싸자
모든 두려움이 사라졌다

그분은 말하지 않으셨다
그저 바라보았다
그 시선 속에서
나의 죄와 고통을 보았다

그러나 그 안에 담긴

사랑과 용서를 느꼈다

그분께 물었다

"왜 저를 버리지 않으셨나요?"

그분은 미소 지으며 대답하지 않았지만

그 미소 안에서, 알았다

언제나 그분 안에 있었음을

그분의 길은 험난하고 고단했지만

그 길 끝에서 평화를 찾았다

나를 위해 흘린 그분의 피와 눈물

그 안에 담긴 사랑을 이제야 깨닫는다

그분은 어둠 속에 빛이 되셨고
고통 속에 위로가 되셨다
그분을 통해 나를 알았고
그분을 통해 사랑을 배웠다

내가 만난 예수님
그분은 구원이었고
삶의 길이 되었으며
영혼의 쉼이 되었다
이제 그분과 함께
새로운 삶을 살아간다

다양성

세상은 하나의 색으로 물들지 않는다
붉음과 푸름
노랑과 검정
모두가 모여야만
온전한 무지개가 뜬다

다양성은
서로 다른 목소리가 어우러져
하모니를 이루는 것
각기 다른 음색이
서로를 빛나게 한다

모두가 같은 길을 걷는다면
새로운 길은 열리지 않는다

우리가 다르기에
세상은 더 넓어지고
그 속에서 더 많은 이야기가 피어난다

차이를 인정하는 건
약함이 아니라 강함이다
서로의 다름 속에서
함께 성장하는 법을 배우고
더 넓은 시야로
세상을 바라보는 것이다

다양성은 혼란이 아니라
조화의 시작
각자의 고유한 빛들이
하나로 모여
더 밝게 빛나는 순간이다

우리는 서로 다르기에
더 완전하다
그 다름이 모여
하나의 큰 그림을 그려낸다

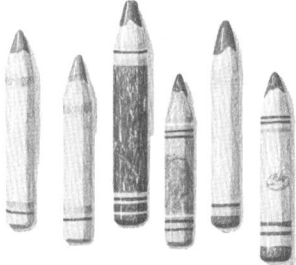

돌아가시기 전 남긴 할머니의 하소연

이제는 저문 해를 바라보며
할머니는 조용히 고백한다
세월의 깊은 구석에서
쌓아온 외로움과
마음속에 담아둔 이야기를
이제야 꺼내놓으신다

"내가 살아온 길,
고단함 속에서도
사랑을 쏟아낸 그 시간,
혹시 너희가 이해할까?
내가 준 모든 것이
너희에게 제대로 닿았으면 좋겠구나."

사랑과 희생

조용히 흘린 눈물들
그 모든 것이 이제는
그가 떠나기 전
마지막으로 전하고 싶은 메시지

"너희가 가슴 속에
내가 남긴 흔적을 기억하고,
소중히 여겨주기를 바란다.
사랑과 이해로 서로를 감싸고,
그 길을 잘 걸어가길 기도한다."

할머니의 말이
천천히 공기 속에 스며들고
그의 마지막 바람이
마음을 울리고

그 사랑과 하소연이

더욱 가까이 이끌어

그리움 속에서도

할머니의 존재를 느끼게 한다

똘이의 떠남

14년의 세월 속에서
작은 발자국을 남긴 똘이
사랑스러운 눈빛과
부드러운 털 속에서의 기억이
깊이 새겨진다

조용히 다가온 그날
너의 몸이 점점 약해져 가는 걸 보며
마음은 무겁고
빈자리만이 크게 느껴졌다

함께한 날들은
햇살처럼 따스했고
어두운 밤 속에서도
존재는 항상 빛이 되었다

너의 마지막 길을
조용히 지켜보며
너의 사랑스러움과 따뜻함을
마음속에 간직하리라

떠나간 너의 빈 자리를
사랑으로 채우며
추억 속에서 영원히 함께할
똘이
그리움의 노래를 부른다

로사의 뇌전증

로사의 세상은 갑작스러운 번개처럼
예고 없이 찾아오는 어둠 속에 잠긴다
뇌 속에서 일어나는 전쟁
몸은 그 폭풍에 휘말려 흔들린다

조용한 날들 속에도
늘 도사리는 긴장의 그림자
그럼에도 빛을 찾고
그 속에서 살아가는 법을 배운다

세상이 멈춘 듯한 순간에도
마음은 다시 일어서고
삶의 속도는 느려도
멈추지 않는 발걸음

뇌전증이 속에 있을지라도
이야기는 끝나지 않는다
고통 속에서 피어나는 강인함
그것이 바로 로사의 진정한 빛

마이클 잭슨의 노래

마이클 잭슨의 노래는

별빛 속에서 춤추는

밤하늘의 별들처럼

세상의 경계를 넘는다

그의 목소리는

힘차게 튕기는 리듬 위에서

정수를 담아내고

단순한 멜로디가 아닌

영혼을 흔드는 깊은 울림이 된다

<Billie Jean>의 비트는

모두를 강렬하게 흔들고,

<Thriller>의 소리 속에

괴기와 매혹이

엮여 있다

그의 노래는
음악과 춤의 경계를 허물며
자유롭게 하늘을 나는 듯한
기운을 느끼게 한다

마이클 잭슨의 목소리 속에서
우리는 꿈을 꾸고
음악의 무한한 가능성을
마주하게 된다

그의 노래는

시간을 초월해

우리를 여전히

춤추게 하고

마음속 깊은 곳에

영원히 남아

흔들리지 않는 빛이 된다

맘마미아

여름 바람 속에
그리운 멜로디가 흐른다
맘마미아
기억 속의 춤과 노래가
또다시 시작된다

반짝이는 무대 위에서
그의 목소리는
지난 시절의 웃음과 눈물
모두를 담아낸다
달콤한 추억이
환한 조명 속에서
다시금 살아난다

자유로운 마음으로

세상의 경계를 넘어

댄스 플로어에 펼쳐지는

기쁨의 향연

끊임없이 반복되는 리듬 속에서

우리는 다시 한번

젊음을 느낀다

맘마미아

그 노래는

시간을 초월해

우리를 연결하고

서로의 손을 잡고

춤을 추게 한다

그 안에서 우리는
옛날의 기억을 되새기며
지금, 이 순간을 만끽한다
노래와 춤이
영원히 함께하는
순간을 즐기며

비틀즈의 노래

비틀즈의 노래는
시간을 초월한
향수의 멜로디다
그들의 하모니 속에서
세상의 모든 감정을
섬세하게 풀어낸다

<Hey Jude>의 따스한 위로는
어둠 속에서도 빛을 찾게 하고
<Yesterday>의 음률은
기억 속의 아련함을
조용히 불러일으킨다

그들의 음악은
가슴 깊은 곳에서 울려 퍼지고

사랑과 상실, 기쁨과 슬픔이
곡의 선율 속에 녹아 있다

비틀즈의 노래는
여러 세대를 아우르며
영원한 감동을 준다
변화하는 세상 속에서도
그들의 멜로디는
언제나 진리의 목소리로
우리와 함께한다

비틀즈의 음악은

우리를 계속해서

춤추게 하고

꿈꾸게 하며

마음속 깊은 곳에서

영원히 살아 숨 쉰다

새로운 시작

첫 울음소리가
이 세상에 울려 퍼질 때
내 마음은 무지갯빛으로 물들었다
작은 손가락을 움켜잡고
당신의 세상에 첫발을 내디딘 그 순간

너의 눈은 아직도 세상을
낯설어하지만
내 가슴 속에 커다란 행복이
온통 가득 차올랐다.

작은 얼굴에 닿는 내 손길이
너에게는 새로운 세상의 첫인사
미소와 울음소리 속에서
하루하루가 기적이 된다

이제는 새로운 이름을 가진
작은 공주가 내 삶을 비추고
하루하루 너와 함께
새로운 이야기를 쓰기 시작한다

모든 것이 새롭고
모든 것이 소중한 이 순간
그저 너를 바라보며
세상의 모든 기쁨을 담아낸다

네가 자라나는 길에
사랑과 희망을 담아
매일매일 함께 걸어가리라
새로운 시작과 함께
우리의 이야기는
이제부터 영원히 계속될 것이다.

수산나 형님

어둠 속에서 길을 잃고
고난의 파도가 밀려올 때
수산나 형님은
조용한 등불처럼
곁에 다가와
손을 내밀어 주셨다

힘겨운 날들 속에서
형님의 따뜻한 말 한마디와
넉넉한 배려가
어두운 그림자를 걷어내며
희망의 빛을 비추었다

형님의 도움은
단순한 손길이 아니라
어렵던 시절의 소중한
힘과 위로가 되었고
그 은혜 속에서
새로운 용기와 결단을 얻었다

불확실한 미래로
힘든 순간에
형님의 곁에서 받은
따뜻한 지원이
마음속 깊이 새겨지며
불굴의 힘을 키워주었다

수산나 형님
정성 어린 도움과
헌신은
항상 내 마음속에
깊이 간직되며
앞으로의 길에서도
그 사랑을 기억하고
용기를 얻는다

아드리나를 위한 발라드를 들으며

부드러운 멜로디와
진심 어린 가사가
마음속 깊은 곳까지 스며든다
음악의 흐름에 따라
감미로운 노래가
그녀를 향한 따뜻한 마음을
조용히 전해준다

음절마다 담긴
사랑과 애정의 이야기들이
기억 속의 소중한 순간들을
하나씩 되새기게 하며
그녀에게 바치는 이 발라드는
단순한 노래를 넘어
진실한 감정의 표현이 된다

선율이 흐르고
감정이 고조될 때마다
그녀의 미소와 목소리가
자연스럽게 떠오르고
이 음악이 그녀에게 전하는
위로와 사랑을 상상하며
마음속에서 울림을 느낀다

아드리나를 위한 발라드가
따스한 감정을 더해주고
그녀에게 전해지는
이 특별한 선물이
서로의 소중함을 더욱 깊게 하고
우리의 기억과 감정에
영원히 새겨진다

아름다운 언어는

맑은 샘물처럼
마음속 깊이 스며들어
메마른 영혼을 적신다

그 말은 꽃이 되어
사랑의 향기를 풍기고
그 소리는 바람이 되어
지친 마음을 어루만진다

부드러운 말 한마디가
세상을 환하게 비추고
따뜻한 위로의 언어가
삶의 어둠을 거둔다

아름다운 언어는

단순한 말이 아니라
누군가의 마음에 남는
영원한 선물

그 말은 다리처럼
사람과 사람을 이어주고
그 속에 담긴 진심은
세상 어디에도 닿을 수 있다

아름다운 언어를 쓰는 이는
마음에 꽃을 피우고
그 향기는 오래도록
세상에 머물리라

앤 머레이의 노래처럼

부드러운 멜로디가 흐를 때

앤 머레이의 목소리는 마치

저녁 햇살처럼 따스하게 마음을 감싼다

고요한 바람 속에 실려 온 노래

기억 속의 한 장면을 꺼내듯

그리움이 스며든다

사랑과 이별

삶의 여정 속에

그녀의 노래는 조용히 말한다

고통 속에도 희망이 있고

어둠 속에도 빛이 있다는걸

그녀의 노래는

마음에 작은 위안을 남기며

지친 영혼을 살며시 달랜다

노래 속에 담긴 감정들은

우리의 이야기처럼 다가와

평범한 날에 특별함을 더해 준다

그녀의 노래처럼

삶은 아름답고 또 덧없이 흘러간다

하지만 그 속에서 우리는

다시금 힘을 얻는다

오페라의 유령

어두운 오페라 하우스 속에서
그의 그림자는 춤을 추고
미스터리한 목소리가
황홀한 음으로 울린다

가면 속의 얼굴
사라진 과거의 상처를 숨기며
그의 노래는
희망과 절망의 경계에서
흔들린다

사랑과 미움이 엮인
복잡한 운명 속에서
오페라의 유령은
자신의 세계를 구축하고

아름다움과 공포를
같은 무대 위에 놓는다

그의 노래는
고독 속에서 탄생한
순수한 감정의 결실
사랑의 열정과
절망의 아픔이
서로 엉켜 있는 순간이다

무대 위에서
가면을 벗지 못한 채
그의 영혼은
영원히 춤을 추고
하루하루를

기다림과 상실 속에서
보낸다

<오페라의 유령>은
그 자체로
슬픔과 아름다움이
겹친 이야기
과거의 유령이 남긴
영원한 여운이다

첫 조카의 죽음, 그리고 나

여고 1학년
교실 창밖에 비가 내리던 그날
세상이 멈춘 듯한 슬픈 소식을 들었다
작고 여린 첫 조카
너의 짧은 삶이 갑작스레 사라진 그 순간
내 마음은 어둠 속에 가라앉았다

사춘기의 한가운데,
혼란스러운 감정의 파도가 밀려오고
조카의 죽음이라는 거대한 슬픔이
세계를 덮쳤다
누구도 이해할 수 없을 것만 같았던
무거운 마음들
처음으로 죽음의 차가움을 느꼈던 그때

친구들과 웃고 떠들던 순간도
속으로는 무거운 돌을 안고 있었다
안에서 자라는 우울한 그림자
하지만 그때는 그게 우울증인지도 몰랐다
감정이 마비된 듯한 날들이 이어졌고
점점 더 깊은 곳으로 빠져들었다

이제 와서 생각해 보니,
그건 어쩌면 우울증의 시작이었을지도
하지만 그저 버티기만 했다
누구에게도 말하지 못하고
안에 감춘 아픔과 함께

지금의 나는 그 소녀를 돌아보며
다독여주고 싶다

슬픔과 상실감에 짓눌렸던 그 마음도

이해받을 수 있다고

모두 그 시간을 지나며

어른이 되어간다고

파란 불빛 아래에서

파란 불빛이 깜빡이며
밤하늘을 가르자
차가운 바람이 얼굴을 스친다

앰뷸런스 문이 닫히고
그 안에 실려 가는 당신의 얼굴
고통에 찡그린 표정이
나의 가슴을 조여온다

무력한 손끝으로
당신을 붙잡고 싶었지만
차가운 문틈은
내 모든 불안을 가로막는다

나는 그저
멀어지는 사이렌 소리를 따라
기도를 삼키며 서 있었다
당신을 대신할 수 없는 고통
내가 짊어질 수 없는 그 무게가
두려움으로 내 안에 쌓여간다

아무것도 할 수 없는 나
당신의 아픔을 지켜보는 이 순간이
끝이 보이지 않는 긴 밤처럼
내 마음을 잠식한다

파란 불빛은 어둠 속을 가르며

당신을 싣고 어디론가 향해가고

나는 그저 그 뒤에 남아

당신의 이름을 조용히 되뇌인다

이 밤이 지나고

당신

함께 걷는 길

마주한 세상 속
다름은 벽이 아니라
우리의 또 다른 얼굴
눈을 맞추면
그 다름 속에 같은 빛이 번져

서로의 손을 잡고
아무도 소외되지 않도록
모두가 함께 걷는 길을 만들어
편견의 돌을 하나씩 치워가며
희망의 꽃을 심는 교육

모든 이가
같은 하늘 아래
같은 바람을 맞으며

자유롭게 웃을 수 있는 세상을 위해
우리는 용기를 배우고, 사랑을 나눈다

그곳에선 장애는 더 이상
어두운 그림자가 아닌
다름의 아름다움을 품은 빛이 되어
우리 모두를 비추리라

이 길 끝엔
함께 살아가는 기쁨이
모두를 위한 자리가
환하게 열려 있다

화장장의 연기

흰 연기가 피어오른다
이별의 마지막 순간을 품은 채
바람 따라 흩어지는 그 연기는
말없이 마음을 쓰다듬는다

불길 속에 남긴 흔적은 없지만
그 뜨거운 불꽃은 삶을 다 태우고
남은 건 하늘로 오르는 가벼운 연기뿐
그것마저도 이내 사라진다

눈물과 그리움도
연기처럼 흩어질 수 있을까
차마 놓지 못한 마음은
하늘 높이 떠오르는 길 위에 남기고

사라져가는 연기를 바라보며
조용히 고개를 숙인다
모든 아픔도
모든 기쁨도 이제는 바람이 되어
저 멀리 흩어진다

이제는 떠나는 시간
흰 연기는 하늘로 이어지고
기억 속에 당신을 담아둔다
영원한 안식 속으로
이제 바람과 함께 한다

G선상의 아리아

부드러운 선율이
마음 깊은 곳까지 스며든다.
바흐의 걸작이 펼쳐진
이 클래식의 세계 속에서
각 음표가 감미롭게 연결된다.

고요한 시간 속에
아름다운 멜로디가
하늘을 떠도는 듯
부드럽고 조화롭게 퍼지며
소리의 물결에 몸을 맡기고
그 선율 속에서
삶의 평온과 깊은 여유를 느낀다.

음악의 흐름이

마치 시간의 흐름처럼

부드럽게 이어지며

일상의 소란스러움 속에서

잠시 벗어나

영혼의 평화를 찾는다.

아리아의 고요한 음색이

마음속의 혼란을 가라앉힌다.

이 순간의

감정의 깊이를 전하며

우아한 선율 속에서

정서의 치유와

새로운 힘을 발견하게 한다.

그 음악이 전하는 감동은

언제까지나 가슴 속에 남아

조용한 행복을 선사한다

작가 인터뷰

단 하나의 이야기에서
다른 이의 눈물을 보고,
한 조각의 고요 속에서
그들의 웃음을 들어요.

이번 시집을 출간하게 된 계기는 무엇인가요?

이번 시집은 마치 오래된 나무의 속살에서 울려 퍼진 숨결처럼, 조용히 흘러나온 시들의 모음이에요. 삶의 골짜기마다 흘려보낸 눈물과 수없이 삼킨 말들, 그리고 잊힌 듯 지나간 날들의 떨림들이 제 안에서 오래도록 숙성되어 있었는데요. 그것들이 어느 날 문득 시가 되어 손끝으로 흘러나오기 시작했어요. 살아내느라 놓쳐버린 마음의 조각들을 시로 붙들고, 견뎌온 시간을 기록하고자 했죠. 이 책은 화려한 언어의 집과는 거리가 멀어요. 누군가 이 시집의 한 구절에서 자신의 마음을 발견하고, 잠시 멈춰 쉴 수 있다면 저는 그것만으로도 충분할 것 같아요.

강사이자 창작가이기도 하신데요. 작가님의 다양한 정체성을 연결하는 키워드가 있을까요?

저의 여러 정체성을 잇는 키워드는 '기록'이에요. 흘러가는 마음을 되새기고, 들리지 않는 목소리를 기억하는 일. 그것이 강단에 서 있을 때나 시를 쓸 때나, 저를 움직이게 하는 힘이었어요. 강사로서 저는 사람들 앞에서 말하지만 사실 많이 듣고 배우기도 해요. 창작가로서 혼자 글을 쓰지만 타인과 깊이 연결되고 싶은 사람이기도 하고요. 결국 말하는 일도, 쓰는 일도 누군가의 삶을 기록하고, 그 속에서 제 삶을 되비추는 과정이었어요. 어쩌면 제 안에는 늘 '사람'이라는 커다란 책 한 권이 있었는지도 모르겠어요. 어떤 구절은 타인의 고통으로 채워졌고, 작은 기쁨은 여백이 되었죠. 때로는 눈물 한 방울로 페이지를 넘기기도 했고요. 그래서 더욱 겸손하게 쓰고 조심스럽게 전하려고 노력해요. 제 기록이 누군가의 침묵을 다정히 안아주는 위로가 되기를 바라면서요.

작가님에게 시란 어떤 의미인가요? 처음 시를 쓰게 된 계기가 궁금합니다.

시는 '마음의 언어'예요. 스스로를 견디는 방식이자 타인의 마음에 닿기 위한 가장 조심스럽고 다정한 길이기도 하죠. 처음 시를 쓰게 된 건 삶이 버거웠던 어느 날이었어요. 누구에게도 꺼내놓지 못한 감정이 조용히 종이 위로 흘러내렸고, 그 한 줄이 제 안의 어둠을 쓰다듬어 주었어요. 저에게는 '괜찮아'라는 시가 무척 특별한데요. 살면서 가장 많이 삼킨 말이자 가장 건네고 싶었던 말이 "괜찮아"였거든요. 혹시라도 이 시가 누군가의 숨겨진 상처를 어루만져 준다면 참 기쁠 것 같아요.

활동을 하면서 좌절하는 순간도 분명 있으실 텐데요. 그럼에도 희망을 향해 나아가도록 하는 동력은 무엇인가요?

맞아요. 활동을 하다 보면 현실의 벽이 생각보다 더 단단하고 높다고 느낄 때가 많아요. 변화가 너무 더딜 때는 무력감에 고개를 떨구기도 하죠. 그럼에도, 희망을 붙잡고 살아가는 사람들을 볼 때, 그리고 미세하게나마 변화를 만들어 나갈 때 다시 일어날 힘을 얻어요. 희망이 거창한 게 아니더라고요. 강의가 끝난 뒤 저에게 다가와 "오늘 이야기가 제 삶을 흔들었어요."라고 말해주는 한 사람, 장애가 있는 아이의 부모가 눈물 대신 미소를 띠며 고개를 끄덕이는 그 찰나, 제 시가 위로가 되었다는 손 편지 한 장, 그 작은 순간들이 저에게는 에너지가 돼요.

또 하나의 동력은 기억이에요. 저 역시 한때 절망 속에서 방향을 잃었었거든요. 누군가에게는 제 과거가 '지금'의 문제일 수 있잖아요. 내가 포기하면 또 한 사람이 희망을 놓칠 수도 있다는 생각이 저를 끝끝내 움직이게 해요. 그리고 제 안에서 계속해서 피어나는 단순한 다짐이 하나 있어요. "그래도, 나는 계속 말할 것이다." 그것이 제 활동의 뿌리이자 힘인 것 같아요.

인권과 장애 인식 개선을 위한 일을 시작한 계기가 궁금해요.

어느 날 갑자기 이 길을 가겠다고 결심한 것은 아니었어요. 오래전, 제 삶 깊은 곳에서 조용히 시작된 이야기인데요. 둘째 딸이 처음 발작을 일으켰던 날이었어요. 연약한 아이가 온몸으로 겪어야 했던 세상의 첫 충격 앞에 저는 무력했어요. 그때 알았죠. 장애는 누군가의 특별한 이야기가 아니라 언제든 우리의 이야기가 될 수 있다는 것, 그리고 장애를 대하는 세상의 시선이 얼마나 차가운지도요.

딸의 손을 잡고 병원을 오가는 길목에서, 동료 보호자들의 쓸쓸한 눈빛에서, 복지의 언어가 사람의 존엄에 가닿지 못하는 현실에서 '이 길이 나 하나의 싸움이 아니구나' 하고 깨달았어요. 그때부터 묻혀버린 목소리를 세상 위로 올려야 한다는 사명을 품게 되었어요.

'삶의 양면'에 대한 시들이 인상적이었어요. 작가님은 '그림자'를 어떻게 다뤄오셨나요?

제 시에서 '삶의 양면'이 읽혔다니, 독자와 깊이 닿은 것 같아 뭉클해집니다. 저는 늘 '빛'을 말할 때, 그 곁의 '그림자'를 외면하지 않으려 애써왔어요. 우리는 흔히 그림자를 감추려 하지만, 저는 오히려 그것이 삶의 진실을 가장 정직하게 보여주는 언어라고 생각해요. 제가 다룬 그림자는 실패, 고통, 장애, 상처처럼 외면당하는 삶의 단면들이었어요. 하지만 이제는 그 안에 더 단단한 생의 근육과 절실한 사랑, 조용한 존엄이 있다는 걸 알죠. 그 그림자를 감싸안는 방식으로 시를 썼어요. 숨기지 않고, 부끄러워하지 않고, 그늘의 언어로도 사람의 마음을 울릴 수 있다는 믿음을 가지고요. 그늘까지 품어낸 시가 더 오래, 더 진하게 사람 곁에 머물 수 있지 않을까 해요.

작가님의 하루는 어떤 모습인가요?

제 일상은 끊임없이 흐르는 강물처럼 흘러가요. 아침은 고요한 다짐으로 시작해요. 창문을 열고 햇살을 맞이하면서 가벼운 기도를 드리듯 하루를 열죠. 가장 중요한 것은 자신과의 대화예요. 어떤 날은 침묵 속에서, 어떤 날은 글로 제 마음이 들려주는 이야기에 귀 기울여요. 이후에는 강의를 준비하거나 사람들과 대화를 나누기도 하고요. 누군가의 이야기를 듣고 나서 시로 남기는 작업도 하고요. 하루의 절반 정도는 강의나 상담, 독서를 통해 다른 이들과 만나죠. 저녁에는 글을 쓰거나 길을 걸으며 하루를 마무리해요. 그런 하루하루를 쌓아가는 기쁨과 감동이 있어요.

인스타그램 소개 글에 '글쟁이'라는 표현이 인상적이었어요. 혹시 앞으로 계획하고 있는 작품이 있나요?

언젠가는 제 이야기를 더 깊이 파고들어 한 권의 책으로 완성하고 싶어요. 아마 한 사람의 성장, 사랑, 고통, 그리고 이해의 과정이 담기겠죠. 단상 모음집도 생각하고 있는데요. 세상에 흩어져 있는 소리가 던지는 물음을 글로 풀어내는 작업이죠. 이 작은 단상들이 마치 길가에 피어난 꽃처럼 누군가의 마음에 여운을 남길 수 있다면 얼마나 좋을까요. '글쟁이'로서 앞으로도 멈추지 않고 더 많은 사람들에게 작은 손길을 건네보려고요.

마지막으로 독자들에게 전하고 싶은 이야기가 있다면요.

독자분들이 제 글을 읽고 작은 울림이라도 느끼셨다면, 그 자체가 제게는 큰 선물일 거예요. 누구나 살다 보면 여러 질문과 마주하게 되죠. 그 대답을 찾는 과정이 길고 험난하게 느껴지실 수도 있을 거예요. 그렇지만 그 안에서 마주치는 수많은 그림자, 혹은 차가운 바람 속에서 느끼는 온기가 결국 우리를 더 깊고 넓은 사람이 되게 한다고 믿어요. 저는 글을 통해 각자의 이야기가 지니는 중요성과 희망을 놓지 않는 용기를 전하고 싶었어요. 아무리 고독하고 힘겨운 삶일지라도, 서로를 이해하고 함께 걸어가며 더 나은 내일을 만들어 나갈 수 있었으면 해요. 제 글은 여러분을 위한 작은 선물이에요. 그 선물이 여러분의 삶에 작은 빛이 되기를 마음속 깊이 바랍니다. 감사합니다.

작가 홈페이지

지금껏 살아왔던 건 누군가의 온기 덕분이었음을
보이지 않는 말이 보이는 세상을 치유하는 시간

발행일 2025년 4월 14일

지은이 김보나
펴낸이 마형민
기획 페스트북 편집부
편집 곽하늘 최지민 강채영 김현우
디자인 김안석 표진아
펴낸곳 주식회사 페스트북
홈페이지 festbook.co.kr
편집부 경기도 안양시 동안구 관악대로 488
씨앗트 스튜디오 경기도 안양시 동안구 안양판교로 20

ⓒ 김보나 2025

ISBN 979-11-6929-764-6 03810
값 15,000원

* 이 책은 저작권법에 의해 보호를 받는 저작물이므로 무단 전재와 무단 복제를 금합니다.
* 페스트북은 작가중심주의를 고수합니다. 누구나 인생의 새로운 챕터를 쓰도록 돕습니다.
creative@festbook.co.kr로 자신만의 목소리를 보내주세요.